BEI GRIN MACHT SICH IHR
WISSEN BEZAHLT

- Wir veröffentlichen Ihre Hausarbeit,
  Bachelor- und Masterarbeit

- Ihr eigenes eBook und Buch -
  weltweit in allen wichtigen Shops

- Verdienen Sie an jedem Verkauf

Jetzt bei www.GRIN.com hochladen
und kostenlos publizieren

Bibliografische Information der Deutschen Nationalbibliothek:

Die Deutsche Bibliothek verzeichnet diese Publikation in der Deutschen National-
bibliografie; detaillierte bibliografische Daten sind im Internet über http://dnb.d-
nb.de/ abrufbar.

Impressum:

Copyright © 2017 GRIN Verlag
Druck und Bindung: Books on Demand GmbH, Norderstedt Germany
ISBN: 9783668607453

Dieses Buch bei GRIN:

https://www.grin.com/document/386668

Nikolas Kraus

Marketing-Bewusstsein selbstständiger Physiotherapeuten in ländlichen Regionen Ost- und Westdeutschlands

GRIN Verlag

GRIN - Your knowledge has value

Der GRIN Verlag publiziert seit 1998 wissenschaftliche Arbeiten von Studenten, Hochschullehrern und anderen Akademikern als eBook und gedrucktes Buch. Die Verlagswebsite www.grin.com ist die ideale Plattform zur Veröffentlichung von Hausarbeiten, Abschlussarbeiten, wissenschaftlichen Aufsätzen, Dissertationen und Fachbüchern.

Besuchen Sie uns im Internet:

http://www.grin.com/

http://www.facebook.com/grincom

http://www.twitter.com/grin_com

Forschungsskizze

Marketing-Bewusstsein selbstständiger Physiotherapeut_innen in ländlichen Regionen Ost- und Westdeutschlands

(Studiengang: Management und Qualitätsentwicklung im Gesundheitswesen)

Autor: Nikolas Kraus

Alice Salomon Hochschule Berlin

Inhaltsverzeichnis

Tabellenverzeichnis

1 Einleitung

Marketing etabliert sich zunehmend im Gesundheitswesen und nimmt eine immer bedeutendere unternehmerische Rolle ein. Es gilt als probates Mittel, um maximalen Profit aus der allgegenwärtigen Mittelknappheit im Gesundheitsmarkt zu generieren. Im Bedürfnismarkt Physiotherapie herrscht Mittelknappheit und vor allem hoher ökonomischer Druck, der durch Handlungsempfehlungen des Marketings verringert werden kann. Explizit in ländlichen Regionen Deutschlands zeigt sich eine Gefährdung der flächendeckenden physiotherapeutischen Versorgung und offenbart in Relation zu städtischen Praxen deutlich geringere Umsatzzahlen. Des Weiteren sinken diese mit abnehmender Mitarbeiteranzahl. Marketing als umsatzerhöhendes Instrument könnte in besagten Fällen Einsatz finden und verspricht bei richtiger Anwendung Erfolg. Ob sich selbstständige Physiotherapeut_innen Marketinginstrumenten bedienen, geschweige denn überhaupt irgendein Bewusstsein für Marketing haben, ist nicht bekannt. Zur Ermittlung dieser Thematik sollte eine Differenzierung zwischen Ost- zu Westdeutschland berücksichtigt werden, da diverse Studien etliche Unterschiede unter anderem struktureller und finanzieller Natur belegen. Vor diesem Hintergrund stellt sich die Frage: *Haben selbstständige Physiotherapeut_innen Marketing-Bewusstsein in ländlichen Regionen Ost- und Westdeutschlands?*

In der folgenden Arbeit wird eine Forschungsskizze beschrieben, die im Modul Qualitative Forschungs- und Studiendesigns sowie Auswertungsmethoden im Master-Studiengang Management und Qualitätsentwicklung (M.Sc.) als Hausarbeit bewertet wird. Zur Beantwortung der Fragestellung werden leitfadengestützte Experteninterviews und ein Expertengespräch vorab mit dem Referatsleiter des IFK-Wirtschaftlichkeitsberichts, der mit seinen betriebswirtschaftliche Zahlen als Grundlage der Hausarbeit fungiert, in einem qualitativen Forschungsdesign durchgeführt. Die Auswertung dieser Interviews erfolgt mittels einer Qualitativen Inhaltsanalyse. Diese Arbeit soll aufzeigen wie zugelassene Heilmittelerbringer_innen in der Physiotherapie Marketing wahrnehmen, in ihre Praxis implementieren und letztendlich umsetzen.

In den folgenden Kapiteln wird zunächst der Hintergrund der Arbeit beleuchtet und die Herleitung der Fragestellung mit Projektziel detailliert beschrieben. Es folgt eine Beschreibung des methodischen Vorgehens, das Gegenstandsangemessenheit, Erhebungsmethode, Forschungsfeld, Auswertungsmethode, Ethik und Datenschutz impliziert. In einem Zeitstrahl wird der Ablauf der einzelnen Schritte sicht- und nachvollziehbar. Der Bedarf an finanziellen Mittel wird beschrieben und abschließend erfolgt ein Ausblick mit persönlichem Fazit.

2 Hintergrund

Das Gesundheitswesen ist naturgemäß einem stetigen Ressourcenmangel ausgesetzt (vgl. Kick, Taupitz 2005, S. 10). Es existiert eine stetige Diskrepanz zwischen Wünsch- bzw. Machbarem und wirtschaftlich Realisierbarem (vgl. Wille 2003, Editorial). Des Weiteren obliegen Dienstleister_innen im Gesundheitswesen dem Uno-actu-Prinzip, das der Erbringung einer Dienstleistung die Anwesenheit des Leistungserbringers voraussetzt (vgl. Wernitz, Pelz 2010, S. 236). Dies betrifft sämtliche Gesundheitsbetriebe, deren Hauptmerkmal die Erbringung von Dienstleistungen im Sektor Behandlung und Pflege darstellt (vgl. Frodl 2011, S. 13). Hierunter zählen folglich auch selbstständige Physio-therapeut_innen (vgl. ebd., S. 14), die als zugelassene Heilmittelerbringer_innen gemäß den Zulassungsvoraussetzungen des SGB V wirtschaften. Im ersten Quartal 2017 existierten 38292 zugelassene Praxen im Berufsbild Physiotherapie (vgl. Barmer Ersatzkasse 2017, S. 5) und sind im betriebswirtschaftlichen Kontext Unternehmer, deren Ziel die maximal rentable Ausschöpfung der vorhandenen Ressourcen darstellt (vgl. Koller 2010, Vorwort).

Vor Jahrzehnten genügte eine Zulassung, um ohne Einsatz von Marketinginstrumenten eine Vielzahl von Patient_innen zu akquirieren, da diese ohne Überprüfung der für sie not-wendigen fachlichen Spezialisierung des Physiotherapeuten im Sinne von zertifizierten Fortbildungen womöglich den ortsnahen aufsuchte (vgl. Wegener, Wegener 2005, S. 73). Es gab folglich keinen Bedarf an aktiver Kundenakquisition und Marketing. Im Sinne der Qualitätssicherung gemäß §125 Abs. 2 SGB V ist die Abrechnung von Leistungen der Physikalischen Therapie ohne entsprechende zertifizierte Fortbildung im Zuge einer Gemeinsamen Empfehlung der Spitzenverbände nicht mehr möglich (vgl. SGB V). Seit dieser gesetzlichen Verankerung befindet sich die Patient_in im Bedürfnismarkt Physiotherapie in einer stärkeren Position als die Therapeut_in (vgl. Westendorf 2013, S. 6). Es klingt kontrovers, dass Physiotherapeuten, trotz des aktuellen Fachkräftemangels (vgl. Bundesagentur für Arbeit 2017, S. 14) in allen Bundesländern außer dem Stadtstaat Hamburg Einbußen hinsichtlich seiner starken Stellung am Bedürfnismarkt Physiotherapie aktuell hinnehmen muss (vgl. Westendorf 2013, S. 6). Dies lässt sich jedoch mit einer gezielteren Nachfrage der Klient_innen begründen. Beispielsweise benötigen inkontinente Patient_innen spezifisches Beckenbodentraining (vgl. Hüter-Becker, Dölken 2007,S. 27) und suchen Physiotherapeut_innen mit der dementsprechend zertifizierten Fortbildung im Bereich Beckenbodentraining auf, da dies, wie bereits erwähnt, laut §70 Abs. 1 SGB V Voraussetzung zur Abrechnung ist. Ein steigender Wettbewerb im Gesundheitswesen und auch im Bereich der Physiotherapie ist zu verzeichnen und bedarf einer Marktorientierung des jeweiligen Unternehmens (vgl. Betz 2014, S. 61 ff.).

Marketing befand sich in den letzten Jahren im Wandel und wird im modernen Verständnis als marktgerichtete Unternehmensführung, mit dem Ziel Kundenbeziehungen zu optimieren, definiert (vgl. Homburg 2012). Ein Ansatz, der die Beziehung zwischen Dienstleister_in und Klient_in in den Vordergrund rückt bei permanenter Gewährleistung einer qualitativ hochwertigen Erbringung der Dienstleistungen (vgl. Busse, Schreyögg, Stargardt 2013, S. 186). Im Gesundheitswesen hat sich Marketing noch nicht nachhaltig etabliert, jedoch prognostiziert Betz (vgl. 2014, S. 6) dem Marketing in Zukunft eine tragende Rolle im unternehmerischen Denken. In Bezug auf Therapieberufe, worunter Physiotherapie zählt, verfolgen Marketinginstrumente den Problemlösungsansatz eine maximal rentable Ausschöpfung der knappen Mittel, wie Personal, Therapiegeräte und Zeit zu integrieren (vgl. Frodl 2011, S. 13). Betz (vgl. 2014, S. 61) lässt dem therapeutischen Dienstleistungsangebot in diesem Zusammenhang eine bedeutende Rolle zukommen. Anscheinend sind jedoch die therapeutischen Leistungsangebote weniger rentabel oder das unternehmerische Risiko der Expansion steht der Umsatzsteigerung der Praxisinhaber_in im Weg (vgl. ebd., S. 77 f.). Die Vergütungsvereinbarungen der Berufsverbände gemäß §125 SGB V für Abrechnungen physiotherapeutischer Leistungen, Massagen und medizinische Bäder listen die Vergütungen des Leistungsportfolios auf und zeigen relativ große preisliche Unterschiede und wirken sich somit auf den Umsatz der dienstleistenden Physiotherapeut_in aus. Grosch (vgl. 2015, Ausgabe 5) prognostiziert dem Anforderungsmarkt Physiotherapie bis 2025 eine Bedarfssteigerung von 44%. Folglich hat der Markt viel Potenzial, deren Ausschöpfung das Ziel einer jeden Praxisinhaber_in sein muss. Durch gezieltes Marketing gilt es profitable Therapieangebote gemäß der medizinischen Indikation anzubieten und als Dienstleister_in in hoher Anzahl abzuleisten im Sinne einer Absatzerhöhung der Praxis. Bei maximaler Auslastung der Praxis sollte eine gut durchdachte Expansion erfolgen (vgl. Betz 2014, S. 77 f.).

Marketing befasst sich mit exakt dieser Problematik und verspricht bei richtiger Anwendung dauerhaften unternehmerischen Erfolg (vgl. Westendorf 2013, S. 2). Der steigende Einsatz von Marketing zeigt sich in einer Studie des Statistischen Bundesamts (vgl. 2017), die stetiges Wachstum der Werbeausgaben im Gesundheits-wesen und der Pharmazie nachweist und auf eine Erhöhung der eingesetzten Kosten für Marketinginstrumente schließen lässt. Spezifische Zahlen zur Physiotherapie-Branche sind aktuell nicht bekannt.

3 Fragestellung und Projektziel

„Die ländliche Versorgung ist akut gefährdet, weil dort vornehmlich kleinere Praxen zu finden sind, die sich betriebswirtschaftlich kaum noch aufrechterhalten lassen." konstatiert Heinen (2017, S. 15) in der Auswertung der IFK-Wirtschaftlichkeitsumfrage zur Thematik flächendeckende physiotherapeutische Versorgung. Im Zeitraum 2012 bis 2014 verzeichneten Praxisinhaber in ländlichen Regionen Deutschlands laut Wirtschaftlichkeitsbericht des IFK (vgl. ebd. S. 14 ff.) zwar eine Umsatzsteigerung von 21,4%, die jedoch einer Erhöhung der Praxisausgaben um 24% gegenüberstehen und ihre wirtschaftliche Lage dadurch um 2,6% verschlechtern. Steigende Verwaltungskosten bedürfen weiterer Verwaltungs- und Büroangestellten (vgl. ebd. S. 17). 45,38 Stunden wöchentliche Arbeitszeit deuten auf einen hohen Auslastungsgrad der Praxis hin (vgl. ebd. S. 15 f.). Hohe Auslastung bei vergleichsweise geringem Gewinn sind keine Anzeichen guten ökonomischen Handelns und sollten mittels Marketinginstrumenten eher umgekehrt werden bei qualitativ hochwertiger Dienstleistungserbringung (vgl. Busse, Schreyögg, Stargardt 2013, S. 186).

Im Rahmen der Forschungsskizze werden Praxisinhaber_innen in ländlichen Regionen Ost- und Westdeutschlands hinsichtlich ihres Marketing-Bewusstseins befragt und ein Expertengespräch vorab mit dem Referatsleiter des IFK-Wirtschaftlichkeitsberichts geführt, um seine Vermutungen diesbezüglich im Sinne eines Informationszuwachses zu erfahren und kritische Fälle zur Befragung zu ermitteln. In Ermangelung einer Studie, die sich mit dem Marketing-Bewusstsein selbstständiger Physiotherapeut_innen in ländlichen Regionen befasst, soll diese Arbeit Aufschluss darüber bringen mit der Fragestellung: *Haben selbstständige Physiotherapeut_innen in ländlichen Regionen Ost- und Westdeutschlands Marketing-Bewusstsein?* Die Forschungsfrage wird differenziert in folgende spezifische Fragestellungen: *Wie haben sich die Physiotherapeut_innen auf Marketing vorbereitet? Wie wurden Marketinginstrumente in ihrer praktischen Tätigkeit implementiert? Wie sieht die praktische Anwendung dieser Marketinginstrumente aus?*

Die Zielstellung der Arbeit ist die Erhebung des aktuellen Bewusstseins von Marketing der befragten Praxisinhaber_innen. Hierbei rücken der persönliche Wissensstand und die eigenen Erfahrungen in den Fokus. Die Ergebnisse aus der Datenauswertung fungieren als Erkenntnis für die gesamte Branche, um bei bereits vollzogener oder geplanter Selbstständigkeit das ermittelte subjektive Bewusstsein für Marketing mit dem eigenen vergleichen kann und hinsichtlich der Thematik sensibilisiert wird.

4 Methodisches Vorgehen

Laut Flick, von Kardorff und Steinke (vgl. 2010, S. 14) wird durch das Eruieren der Subjektivität hinsichtlich Erleben und Sichtweisen der Befragten ein Verständnis von sozialer Wirklichkeit generiert. Persönliche Erfahrungen bezüglich Marketing und deren praktische Umsetzung sind von besonderem Interesse und sollen „gemäß der Entdeckungslogik qualitativen Forschens, aus Daten neue Theorien entwickeln" (Brüsemeister 2008, S. 28). Aufgrund dieser Komplexität der unterschiedlichen subjektiven Perspektiven verlangt das Vorhaben zwingend ein qualitatives Forschungsdesign. Mayring (vgl. 2016, S. 19) postuliert die Subjekte in ihrer gewohnten alltäglichen Umgebung zu untersuchen. Bezogen auf das Forschungsprojekt bedeutet das die Befragung der selbstständigen Physiotherapeut_innen in ihrer Praxis hinsichtlich ihrer subjektiven Wahrnehmung von Marketing. Generierung von neuen Erkenntnissen und somit Unbekanntem aus den bekannten Ergebnissen des IFK-Wirtschaftlichkeitsberichts wird als Ziel fokussiert (vgl. Flick, Kardoff Von, Steinke 2010, S. 17).

Kennzeichnend für qualitative Forschung ist die methodische und theoretische Gegenstandsangemessenheit, deren Erkenntnis aus der analytischen Betrachtung der unterschiedlichen Perspektiven der Befragten und der darauf bezogenen Reflexion des Forschers erschlossen wird (vgl. Flick 2012, S. 26). Das methodische Vorgehen ist ausgerichtet auf den Untersuchungsgegenstand, der in seiner Gesamtheit und Komplexität erfasst und in seinem sozialen Gefüge untersucht wird, und nicht umgekehrt (vgl. Flick 2012, S. 27). Im geplanten Forschungsvorhaben wurde hinsichtlich der Gegenstandsangemessenheit, die auch die Logik der Forschungsart verdeutlichen soll (vgl. Brüsemeister 2008, S. 28), ein qualitatives Forschungsdesign gewählt.

4.1 Sampling und Feldzugang

Sampling beschreibt den Vorgang, wie individuelle Fälle oder auch in Gruppen, Interviewpartner und Beobachtungssituationen für das Forschungsvorhaben selektiert werden (vgl. Flick 2012, S. 15). Sie erfordern daher eine Auswahlentscheidung (vgl. ebd., S. 154). Im Forschungsprozess basiert die Datenerhebung auf der Auswahl an Untersuchungsfällen, die aus dem Sampling hervorgehen (vgl. ebd.). Hinsichtlich Gegenstandsangemessenheit im Forschungsprojekt wird ein kriterienbasiertes Sampling ausgewählt (vgl. Przyborski, Wohlrab-Sahr 2010, S. 182). Kriterien, die die Untersuchungsgruppe definieren, werden vorab definiert (vgl. ebd.).

Wie bereits erwähnt basiert der Forschungsgegenstand auf ermittelten betriebswirtschaftlichen Zahlen aus dem IFK-Wirtschaftlichkeitsbericht und bedient sich im Sampling derer Kategorisierung. Die darin befragten Physiotherapeut_innen wurden nach

Ausprägung der Mitarbeiteranzahl bis 3 (Mitarbeiter inkl. Praxisinhaber_in) und bis 5 kategorisiert. Dies findet hier Anwendung und wird vorab im Kontext dieser Forschungsskizze ergänzt durch die Kategorien bis 7 und ab 10 Mitarbeiter, um einen adäquaten Rahmen für eine potentielle Masterarbeit zu skizzieren.

In der Sozialforschung findet häufig eine Unterscheidung in der Samplingstruktur nach Ost- und Westdeutschland statt, die multifaktoriell begründbar ist (vgl. Frey-Vor, Mohr 2015, S. 453 ff.; vgl. Damm et al 2015). Anlässlich des 25-jährigen Jubiläums der Deutschen Einheit wurden Im Jahr 2015 zwei Studien veröffentlicht, die strukturelle Unterschiede zwischen Ost- und Westdeutschland eruierten. Damm et al. (vgl. 2015) postulieren unter anderem unterschiedliche Erwerbsformen und Vermögens-strukturen zugunsten Westdeutschlands. Frey-Vor und Mohr (vgl. 2015) konstatieren große Unterschiede in der Altersstruktur. In Ostdeutschland manifestiert sich der demo-grafische Wandel am deutlichsten aufgrund von abwanderungswilligen jungen Menschen (2015, S. 453 f.). Mit diesem Hintergrund wird die Ausprägung Ost- und Westdeutschland miteinbezogen, um strukturelle Unterschiede zu beachten. Es ergibt sich gemäß den beiden Ausprägungen Mitarbeiteranzahl und Niederlassungsregion ein Forschungsfeld mit sechs Feldern.

Tabelle 1: Stichprobenplan

	Mitarbeiteranzahl			
	Bis 3	Bis 6	Bis 9	Ab 10
Ostdeutschland	2	2	2	2
Westdeutschland	2	2	2	2

Quelle: eigene Darstellung

Flick (vgl. 2012, S. 165) empfiehlt in Hinblick der Auswahl der Befragten kritische Fälle einzubeziehen, um nach Meinungen von Experten, für den Untersuchungsgegenstands besonders relevante Fälle zu generieren. Als kritische Fälle würde man Praxen mit sehr abweichend hohem bzw. niedrigem Umsatz verstehen. Die Fallauswahl betreffend wird je Forschungsfeld eine Praxisinhaber_in mit hohen und niedrigen Umsatzzahlen ausgewählt und befragt hinsichtlich derer subjektivem Marketing-Bewusstsein (vgl. ebd., S. 155). Um deren Zugänglichkeit zu erlangen konstatiert Flick, von Kardorff und Steinke (vgl. 2010, S. 288) das Problem der Erreichbarkeit. Im Expertengespräch werden potenzielle Fälle eruiert und je 10 pro Forschungsfeld kontaktiert. Um ethische Konflikte zu vermeiden und Datenschutz zu berücksichtigen darf der Experte nicht die Auswahl der Befragten bestimmen, da sonst keine Anonymität herrsche. Informationsschreiben für alle potenziellen Interviewpartner werden erstellt und implizieren alle wichtigen Determinanten der Untersuchung, wie Forschungsziel und Vorgehen.

4.2 Erhebungsmethode

Hinsichtlich der Erhebungsmethode wird differenziert zwischen Expertengespräch mit dem Referatsleiters des IFK-Wirtschaftlichkeitsberichts und leitfadengestützten Experteninterviews der befragten Physiotherapeut_innen. Hierbei fungieren die Befragten nicht als Personen sondern Experten (vgl. Mayer 2013, S. 38). Als Experten werden diejenigen Personen bezeichnet, die „in Hinblick auf einen interessierenden Sachverhalt als <Sachverständige> in besonderer Weise kompetent sind" (Deeke 1995, S. 7-8). Expertengespräche generieren Deutungswissen und ermöglichen in diesem Zusammenhang vorab, sprich vor den Experteninterviews, fachspezifisches Wissen, deren Deutung den Informationsstand des Interviewers erhöht (vgl. Przyborski, Wohlrab-Sahr 2014, S. 125). Es dient zur Exploration und Strukturierung eines neuen Forschungssfelds (vgl. Flick 2012, S. 216). Przyborski und Wohlrab-Sahr (vgl. 2014, S. 125) empfehlen als Ablaufschema ein narratives Interview mit hohem diskursiven Anteil, da neben dem fachspezifischen Wissen des Experten sein Deutungswissen von großer Bedeutung ist. Im Anschluss an das Expertengespräch erfolgen die leitfadengestützten Experteninterviews mit den Physiotherapeut_innen. Ausschlaggebend hierbei ist der Expertenstatus der Befragten und zusätzlich die Auswahl der Befragten (vgl. Helfferich 2014, S. 559). Dem Leitfaden kommt im Experteninterview aus zeitlichen Gründen und dem Ziel der Fokussierung auf den Untersuchungsgegenstand eine besondere Steuerungsfunktion hinsichtlich irrelevanter Aussagen der Experten zu (vgl. Flick 2012, S. 216). Flick (vgl. 2010, S. 222) empfiehlt „offen formulierte Fragen", um freie Antwortmöglichkeiten zu gewährleisten und keine Beeinflussung durch die Fragestellung zuzulassen.

4.3 Auswertungsmethode

In Ermangelung einer zwingenden Vorgabe, wie Experteninterviews auszuwerten sind postulieren Bogner, Littig und Menz (vgl. 2014, S. 71 ff.) die qualitative Inhaltsanalyse als probates Mittel. Flick bestätigt diese Empfehlung: „Die Methode ist hinsichtlich des Auswertungsverfahrens nicht festgelegt, es werden jedoch vor allem kodierende Verfahren, insbesondere die qualitative Inhaltsanalyse, dabei verwendet." (Flick 2012, S. 213). Ziel der qualitativen Inhaltsanalyse ist die Auswertung von Material, das aus einer Kommunikation generiert wird (vgl. Mayring 2015, S. 11). Hierbei stehen Textverständnis und -interpretation im Fokus. Kategorisierungen dienen der Zuordnung relevanter Aussagen (vgl. Schreier 2014, S. 20). Im Forschungsprojekt wird als Auswertungsverfahren die inhaltlich-strukturierende Inhaltsanalyse ausgewählt. Als theoriegeleitetes Verfahren (vgl. Mayring 2015, S. 29 ff.) wird sie im Kontext einer qualitativen Forschung als der Kern der Auswertungsmethode verstanden (vgl. Schreier 2014). Zunächst erfolgt die Identifizierung der inhaltlichen Aspekte der Experteninterviews, welche im zweiten Schritt konzeptualisiert werden. In einer anschließenden systematischen Beschreibung des Inhalts werden die unterschiedlichen Themen aus dem Material kategorisiert und in einem Kategoriensystem expliziert (vgl. Schreier 2014).

5 Zeitplan und finanzielle Mittel

Forschungsdesign impliziert nicht nur die Wahl der Erhebungs- und Auswertungsmethoden, um die Forschungsfrage zu beantworten, sondern auch den Umgang der zur Verfügung stehenden Mittel wie Zeit und Finanzen (vgl. Flick 2012, S. 173). Oftmals werden zeitliche, finanzielle, personelle und technische Aspekte bei der Erstellung des Forschungsdesigns vernachlässigt und in unrealistischem Verhältnis angegeben (vgl. ebd. S. 175 f.). Um dieses Dilemma zu vermeiden wurde ein Zeitplan in Anlehnung an ähnliche Forschungsprojekte mit vergleichbar gesetztem Rahmen und ein Finanzplan, der alle notwendigen finanziellen Mittel impliziert, erstellt. Im Rahmen Hausarbeit fungiert die Forschungsskizze als Prüfungsleistung und bietet Potential zur Erstellung einer Masterarbeit. Um optimale Vorbereitung für eine Masterarbeit zu gewährleisten und zusätzlichen zeitlichen Spielraum für eventuelle Fehlkalkulationen dabei zu generieren, würde das Forschungsprojekt bereits im Juli und somit drei Monate vor offiziellem Start beginnen. In diesem Zeitraum erfolgt zunächst die Erstellung der Fragebögen für das Expertengespräch und die -interviews. Der IFK-Referatsleiter des Wirtschaftlichkeitsberichts und die zu befragenden Physiotherapeut_innen würden im August vor offiziellem Start der Erstellung der Masterarbeit kontaktiert. Im Oktober 2018 wäre offizieller Beginn des Masterarbeit-Zeitrahmens und die Durchführung der Interviews fänden im Zeitraum Oktober bis Dezember statt und würden in zeitlichem Zusammenhang anschließend ausgewertet. Ab Januar 2019 würde die Verschriftlichung des untersuchten Forschungsgegenstand im Zuge der Masterarbeit erfolgen.

Tabelle 2: Zeitplan zur Durchführung des Forschungsprojekts

2018						2019		
J	A	S	O	N	D	J	F	M
Literaturrecherche und -auswertung								
Fragebogen								
	Kontaktaufnahme							
				Expertengespräch/-interviews				
				Datenerhebung				
			Datenauswertung					
						Masterarbeit		
Ethik und Datenschutz								

Quelle: eigene Darstellung

Finanzielle Ressourcen würden benötigt, allerdings in geringem Maß. Personalkosten wären keine zu verzeichnen, da der Forschende die Planung und Durchführung alleine bewältigt. Die Alice Salomon Hochschule stellt kostenfrei ein Audioaufnahmegerät zur Verfügung. Lediglich zur Transkription und Datenauswertung müssten finanzielle Mittel eingesetzt werden. Die Kosten für ein Transkriptionsgerät belaufen sich auf ca. 44€ und für das Datenauswertungsprogramm MAXQDA auf ca. 45€.

6 Ethik und Datenschutz

Forschungsethische Fragen stellen sich in sämtlichen Phasen des Forschungsprojekts. Die Wahl der Thematik, des Studiendesigns, des Feldzugangs, der Datenerhebungs- und Datenauswertungsmethodik bis hin zur Publikation erfordern eine permanente forschungsethische Reflexion (vgl. Unger von, Narimani, M'Bayo 2014, S. 16). Hopf (vgl. 2010, S. 588) konstatiert in der qualitativen Forschung einen sensiblen Umgang ethischer Fragestellungen. Qualitative Forschung stellt die Subjektivität der Befragten hinsichtlich Erleben, Handeln und Wahrnehmung in den Vordergrund (vgl. Flick, Kardorff von, Steinke 2010, S. 14) und tangiert somit die Würde der Befragten, deren Missbrauch zu verhindern gilt (vgl. Hopf 2010, S. 588). Zudem wird mit vertraulichem Material und Dokumenten gearbeitet, was die Notwendigkeit von Forschungsethik und vor allem Datenschutz erneut unterstreicht (vgl. ebd.). Hopf (vgl. 2010) bestätigt dies und weist auf die hohe Relevanz datenschutzrechtlicher Bestimmungen hin, die im Prinzip der Objektivität, dem Informierten Einverständnis und der Anonymisierung Geltung finden (vgl. Unger von, Narimani, M'Bayo 2014, S. 15).

Freiwilligkeit ist die Grundvoraussetzung für die Teilnahme der Befragten am Forschungsprojekt. Zur Erhebung personenbezogener Datenmuss eine informierte Einwilligung vorliegen (vgl. ebd. S. 591). Der Ethik-Kodex deutscher Soziologen beschreibt in §2 Rechte der Proband/innen:

> „Generell gilt für die Beteiligung an sozialwissenschaftlichen Untersuchungen, dass diese freiwillig ist und auf der Grundlage einer möglichst ausführlichen Information über Ziele und Methoden des entsprechenden Forschungsvorhabens erfolgt. Nicht immer kann das Prinzip der informierten Einwilligung in die Praxis umgesetzt werden, z.B. wenn durch eine umfassende Vorabinformation die Forschungsergebnisse in nicht vertretbarer Weise verzerrt würden. In solchen Fällen muss versucht werden, andere Möglichkeiten der informierten Einwilligung zu nutzen." (Deutsche Gesellschaft für Soziologie 2014, S. 8).

Im geplanten Forschungsvorhaben ist eine informierte Einwilligung möglich und wird deshalb zwingend von jedem der Befragten vor Durchführung der Interviews schriftlich eingeholt und kann bis zur Veröffentlichung der Ergebnisse zurückgezogen werden. Ein Abbruch des Interviews ist ebenfalls möglich. In der Einwilligungserklärung erfahren die Teilnehmer zudem Inhalt, Zweck und Ziel des Forschungsprojekts. Somit sind deren Persönlichkeitsrechte geschützt (vgl. Unger von, Narimani, M'Bayo 2014, S. 592 ff.). Der Umgang mit den ermittelten personenbezogenen Daten verlangt absolute Anonymität (vgl. ebd., S. 46 f.) und deshalb werden diese ersetzt durch XYZ. Die Rekonstruktion der anonymisierten Daten darf nur mit unverhältnismäßig großem Aufwand möglich sein (vgl. Gebel et al. 2015, S. 3). Eine ausführliche Datenschutzerklärung, die den sensiblen Umgang mit den Daten beschreibt, wird erstellt und bedarf einer schriftlichen Zustimmung von jedem der Befragten. In doppelter Ausführung erstellt, erhält jeder Teilnehmer je ein Exemplar.

7 Perspektiven

Im Rahmen des Forschungsprojekts wird das Marketing-Bewusstsein selbstständiger Physiotherapeut_innen in ländlichen Regionen Ost- und Westdeutschlands beleuchtet. Marketing nimmt auch im physiotherapeutischen Kontext enorm an Bedeutung zu. Ländliche Regionen bieten aufgrund des aktuellen demografischen Wandels hohes Marktpotential, da momentan Fachkräftemangel herrscht. Bei richtiger Anwendung von Marketinginstrumenten könnte dieses Potential ausgeschöpft werden. Je mehr die Branche für Marketing sensibilisiert wird, desto lukrativer könnte der ländliche Raum erscheinen und die Anzahl an Therapeut_innen dort erhöhen, um die gefährdete ländliche Versorgung vor der Unterversorgung eventuell zu bewahren.

Die Forschungsarbeit dient definitiv als Grundlage für eine potentielle Masterarbeit im Studiengang Management und Qualitätsentwicklung im Gesundheitswesen (M.Sc.). Sowohl finanzielle als auch personelle Mittel stehen in begrenztem Ausmaß zur Verfügung, entsprechen jedoch den Anforderungen einer Masterarbeit und wären tragbar.

8 Fazit

Hinsichtlich der in akuter Gefahr befindlichen physiotherapeutischen Versorgung in ländlichen Regionen Deutschlands weist der zu untersuchende Forschungsgegenstand eine sehr hohe Relevanz für das Berufsbild der Physiotherapie auf. Es ist unumgänglich sich als Physiotherapeut nicht mit Marketing zu befassen. Je weiter die wissenschaftlichen Erkenntnisse diesbezüglich voranschreiten, desto erfolgreicher könnten die Praxen aus unternehmerischer Sichtweise wirtschaften.

Als Forschungsdesign wurde ein qualitativer Ansatz gewählt, um der Subjektivität hinsichtlich Sichtweisen und Erfahrungen der Befragten gerecht zu werden. Um der Gegenstandsangemessenheit als Kennzeichen qualitativer Forschung gerecht zu werden wurden Methodik und Vorgehen dem Untersuchungsgegenstand angepasst (vgl. Flick 2012, S. 26).

Als Mittel der Befragung wurde ein Expertengespräch mit dem IFK-Referatsleiter des Wirtschaftlichkeitsberichts, der Grundlage der Fragestellung, geführt, um kritische Fälle zur Befragung zu ermitteln. Mittels kriterienbasiertem Sampling wurden Experteninterviews mit 16 Physiotherapeuten deren Niederlassung sich im ländlichen Raum Ost- und Westdeutschlands befindet, durchgeführt, um inhaltsanalytisch Vergleiche zwischen den ausgewerteten Expertenbefragungen ziehen zu können (vgl. Flick 2012, S.219). Das Expertengespräch vorab dient zur Informationsbeschaffung. Somit herrscht Gegenstandsangemessenheit, um die Logik der Forschung zu begründen. Zeit- und Finanzplan wurden im Vergleich zu ähnlichen Arbeiten mit vergleichbarem Rahmen erstellt. Permanentes forschungsethisches Hinterfragen und Einhaltung der Datenschutzrichtlinien gewährleisten ethische Vertretbarkeit.

Literaturverzeichnis

Barmer Ersatzkasse (2017): Barmer GEK Heil- und Hilfsmittelreport, 2014, 2015. Online verfügbar unter: https://presse.barmer-gek.de/barmer/web/Portale/Presseportal/Subportal/Infothek/Studien-und-Reports/Heil- und-Hilfsmittelreport/Einstieg-HeHi-Reports.html. Zugriff: 12.08.2017

Betz, B. (2014): Praxis-Management für Physiotherapeuten, Ergotherapeuten und Logopäden. Praxen wirtschaftlich erfolgreich führen. Berlin Heidelberg: Springer-Verlag

Bogner, A.; Littig, B.; Menz, W. (2014): Interviews mit Experten. Eine praxisorientierte Einführung in: Bohnsack, R.; Flick, U.; Lüders, C.; Reichertz, J. (Hrsg): Qualitative Sozialforschung. Wiesbaden: Springer Fachmedien, S. 71-72

Brüsemeister, T. (2008): Qualitative Forschung. Ein Überblick. Wiesbaden: VS Verlag für Sozialwissenschaften

Bundesagentur für Arbeit Statistik/Arbeitsmarktberichterstattung (2017): Fachkräfteengpassanalyse. Online verfügbar unter: https://statistik.arbeitsagentur.de/Statischer-Content/Arbeitsmarktberichte/Fachkraeftebedarf-Stellen/Fachkraefte/BA-Engpassanalyse-2017-06.pdf. Zugriff: 31.07.2017

Busse, R; Schreyögg, J, Stargardt, T. (2013): Management im Gesundheitswesen. Das Lehrbuch für Studium und Praxis. Berlin Heidelberg: Springer-Verlag

Damm, T.; Geyer, D.; Kreuter, V.; Maget, K.; Müller, R.; Rösler, W.; Sievers, F.; Sievert, S.; Slupina, M.; Storz, N.; Sütterlin, S.; Woellert, F., Klingholz, R. (2015): So geht Einheit. Wie weit das einst geteilte Deutschland zusammengewachsen ist. In: Berlin Insitut. Online verfügbar unter: http://www.berlin-institut.org/fileadmin/user_upload/So_geht_Einheit/BI_SoGehtEinheit_final_online.pdf. Zugriff am: 12.08.2017

Deeke, Axel (1995): Experteninterviews - ein methodologisches und forschungs-praktisches Problem. Einleitende Bemerkungen und Fragen zum Workshop in: Brinkmann, C.; Deeke, A.; Völkel, B. (Hrsg.): Experteninterviews in der Arbeitsmarktforschung. Diskussionsbeiträge zu methodischen Fragen und praktischen Erfahrungen (Beiträge zur Arbeitsmarkt- und Berufsforschung, 191). Nürnberg: Institut für Arbeitsmarkt- und Berufsforschung der Bundesagentur für Arbeit, S. 7-22

Deutsche Gesellschaft für Soziologie (2014): Ethik-Kodex der Deutschen Gesellschaft für Soziologie (DGS) und des Berufsverbandes Deutscher Soziologinnen und Soziologen (BDS). Online verfügbar unter: http://bds-soz.de/BDS/fachgruppen/ethik/Ethik-Kodex_Satzung_141003.pdf. Zugriff am: 10.08.2017

Flick, U. (2012): Qualitative Sozialforschung. Eine Einführung. Hamburg: Rowohlt Taschenbuch Verlag

Flick, U.; Kardorff von, E.: Steinke, I. (2010): 1. Was ist qualitative Forschung? Einleitung und Überblick in: Flick, U.; Kardoff von, E.: Steinke, I. (Hrsg.): Qualitative Forschung. Ein Handbuch. Hamburg: Rowohlt Taschenbuch Verlag, S. 13-29

Frey-Vor, G.; Mohr, I. (2015): 25 Jahre Deutsche Einheit – Fernsehnutzung in Ost und West in: Media Perspektiven 10/2015, S. 453-469

Frodl, A. (2011): Marketing im Gesundheitsbetrieb. Betriebswirtschaft für das Gesundheitswesen. Wiesbaden: Gabler Verlag

Gebel, T.; Grenzer, M.; Kreutsch, J.; Liebig, S.; Schuster, H; Tscherwinka, R.; Watteler, O.; Witzel, A. (2015): Verboten ist, was nicht ausdrücklich erlaubt ist: Datenschutz in qualitativen Interviews in: FQS FORUM: QUALITATIVE SOZIALFORSCHUNG 16(2), Art. 27. Online verfügbar unter: http://www.qualitative-research.net/index.php/fqs/article/viewFile/2266/3822. Zugriff am: 15.08.2017

Grosch, M. (2015): Engpassberuf Physiotherapie. Der eine geht – kein anderer kommt! In: pt Zeitschrift für Physiotherapeuten Ausgabe 05/2015. München: Richard Pflaum Verlag

Heine, M (2017): IFK-Wirtschaftlichkeitsumfrage. Flächendeckende Versorgung gefährdet in: physiotherapie - Fachmagazin des Bundesverbands selbstständiger Physiotherapeuten IFK - e.V. Ausgabe 02/17. Herne: Print Office

Helfferich, C. (2014): 39. Leitfaden- und Experteninterviews in Baur, N.; Blasius, J. (Hrsg.): Handbuch Methoden der Sozialforschung. Wiesbaden: Springer VS, S. 559

Homburg, C.; Becker, A.; Hentschel, F. (2010): Der Zusammenhang zwischen Kundenzufriedenheit und Kundenbindung in: Bruhn, M.; Homburg, C. (Hrsg.): Handbuch Kundenbindungsmanagement. Wiebaden: Gabler Verlag, S. 111-144

Hopf, C (2010): 6. Qualitative Forschung im Kontext in: Flick, U.; Kardorff von, E.; Steinke, I. (Hrsg.): Qualitative Forschung. Ein Handbuch. Reineck bei Hamburg: Rowohlt Taschenbuch Verlag, S. 588-599

Hüter-Becker, A.; Dölken. M. (2012): Physiotherapie in der Gynäkologie. Stuttgart: Georg Thieme Verlag

Kick, H. A.; Taupitz, J. (2005): Gesundheitswesen zwischen Wirtschaftlichkeit und Menschlichkeit. Münster Hamburg London: LIT-Verlag

Koller, F. M. (2010): Vorwort in: Arnshoff, T.; Bader-Johansson, C.; Balk, M; Becker, K.; Bertram, A. M. (Hrsg.): physiolexikon: Physiotherapie von A bis Z. Stuttgart: Georg Thieme Verlag, Vorwort

Mayer, H. O. (2013): Interview und schriftliche Befragung: Grundlagen und Methoden empirischer Sozialforschung. München: Oldenbourg Verlag

Mayring, P. (2015): Qualitative Inhaltsanalyse. Grundlagen und Techniken. Weinheim und Basel: Beltz Verlag

Mayring, P. (2016): Einführung in die Sozialforschung. Eine Anleitung zu qualitativem Denken. Weinheim und Basel: Beltz Verlag

Przyborski, A.; Wohlrab-Sahr, M. (2014): Qualitative Sozialforschung. Ein Arbeitsbuch. München: Oldenbourg Verlag

Schreier, M. (2014): Varianten qualitativer Inhaltsanalyse: Ein Wegweiser im Dickicht der Begrifflichkeiten in: Forum Qualitative Sozialforschung/Forum: Qualitative Social Research, Vol 15, No 1, Art. 18

SGB V – Sozialgesetzbuch V: Fünftes Buch Sozialgesetzbuch – Gesetzliche Kranken versicherung, zuletzt geändert durch Artikel 1 des Gesetzes zur Stärkung der Solidarität in der gesetzlichen Krankenversicherung vom 19. Dezember 1998 (BGBl. I S. 3853)

Unger von, H. (2014): 2. Forschungsethik in der qualitativen Forschung: Grundsätze, Debatten und offene Fragen in: Unger von, H.; Narimani, P.; M'Bayo, R. (Hrsg.): Forschungsethik in der qualitativen Forschung. Reflexivität, Perspektiven, Positionen. Wiesbaden: Springer VS, S. 15-39

Wegener, G.; Wegener, K. (2005): Praxismanagement für die Physiotherapie. Erfolg durch QM und prozessorientiertes Handeln. Stuttgart: Georg Thieme Verlag

Wernitz, M. H.; Pelz, J. (2015): Gesundheitsökonomie und das deutsche Gesundheitswesen. Ein praxisorientiertes Lehrbuch für Studium und Beruf. Stuttgart: Kohlhammer Verlag

Westendorf, C.; Schramm, A.; Schneider, J.; Doll, R. (2013): Marketing für Physiotherapeuten. Erfolgreich mit kleinem Budget. Mit Rechtshinweisen und Expertenmeinungen aus Physiotherapie, Medien und Werbung. Berlin Heidelberg: Springer-Verlag

Wille, E. (2003): Rationierung im Gesundheitswesen und ihre Alternativen. Baden-Baden: Nomos Verlagsgesellschaft

BEI GRIN MACHT SICH IHR WISSEN BEZAHLT

- Wir veröffentlichen Ihre Hausarbeit,
  Bachelor- und Masterarbeit

- Ihr eigenes eBook und Buch -
  weltweit in allen wichtigen Shops

- Verdienen Sie an jedem Verkauf

Jetzt bei www.GRIN.com hochladen und kostenlos publizieren